もしものときに きみなら どうする？

防災
ぼう さい

③ まち

監修：国崎信江
かんしゅう　くにざきのぶえ

危機管理教育研究所代表　危機管理アドバイザー
き き かん り きょういくけんきゅうじょだいひょう　き き かん り

はじめに

　日本は災害が起きやすい国です。地震、津波、土砂災害、台風、洪水など、多くの災害が発生しています。こうした国に住んでいても多くの人は、自分は災害にはあわないだろうと考えがちです。しかし、本当にそうでしょうか。近ごろの日本は災害と無縁の国ではありません。自分が災害にあうことを考えず、何もそなえていないときに災害にみまわれることほどきけんなことはありません。しかし、防災の知識やそなえがあれば、救われる命はたくさんあります。たとえ災害にあっても命や生活を守れるように十分にそなえ、知識をもち、災害にもおれない心の強さをもってほしいと思います。

　この本では、災害にあったとき、身を守るための助けになるように、みなさん自身で安全な行動を考えてもらうくふうをしました。とくに、私がみなさんに強く伝えたいのは、身の守りかたには「これをしておけばぜったい安全」というものはないということです。教わったことがすべてとは考えず、つねに「ここにいたときに災害が起きたら」と考える習慣や、「どう行動するのが安全なのか」と自分の頭で考えることが大切です。ほかの人と意見がちがうときには、なぜそう思うのかを話しあってみましょう。そうすることで、よりたくさんの身を守る方法を見つけることができるようになるはずです。

　自分の未来は命があってこそ開かれます。夢中になっていること、楽しいと感じることを続けられ、自分の夢、やりたいことをかなえるためにも、災害から生きぬく力を育てましょう。この本がその力の一部になることを願っています。

危機管理教育研究所代表　危機管理アドバイザー
国崎信江

もくじ

この本の使いかた

この本では、絵さがしやめいろで、災害（集中豪雨や局地的大雨、地震）が起きたときの、きけんなところやもの、行動について学ぶことができるよ。6つのテーマにわかれているので、さいしょから順番に読んでもいいし、すきなテーマから読んでもOKだよ！

おすすめの読みかた

ステップ 1　大きな絵のなかから、🔍さがそう！であげられている、きけんな場面をさがそう。

ステップ 2　つぎのページにこたえと説明があるので、かくにんして、どうしてきけんなのかをよく読んでみよう。

ステップ 3　自分のまわりに、絵と同じようなところはあるかな。身のまわりのきけんポイントをさがしてみよう。

ステップ 4　絵と同じことが起きたとき、自分ならどうするかマイアクションを考えてみよう。

① 絵さがし

この巻では、まちで災害が起きたときの場面を絵にしているよ。もし災害が起きたとき、ここで自分だったらどうするかを考えながら、きけんなポイントをさがしてみてね。

② 🔍さがそう！

きけんな場面を表しているよ。丸のなかの絵と同じところを、上の大きな絵から見つけてみてね。

4

③ こたえ

きけんなところや
もの、行動などが
どこにあったかを
しめしているよ。

④ きけんポイントのかいせつ

どうしてきけんなのかを説明しているよ！
自分の身のまわりにも同じきけんポイントが
ないか思い出しながら、よく読んでね！

⑤ 身を守るためのヒント

災害が起きたときに、知っておくと役に立つ
ヒントを説明しているよ。おぼえておくと、
きっときみの助けになるはず！

⑥ もっと知りたい！

大きい絵にはなかったことだけど、
防災たいさくをするうえで大切なことを
まとめたよ。わすれずに読もうね！

⑦ マイアクションを考えよう

災害が起きたとき、どうするのがよいかいろいろな
子の意見をしょうかいしているよ。もし自分だったら、
どうするのかいっしょに考えてみてね。

もっと！ 身を守る力をつけるために……

さいごまで読んでみたら、もういちど、大きな絵
のページにもどってみて！ そして、🔍さがそう！
にあげられているほかにもきけんポイントがな
いかさがしてみよう！ どうしてきけんだと思っ
たのかを、友だちや家族と話しあってみるのも
いいね。

ほかにもきけんな
場面はないかな？

身を守るための

災害はいつ、どこで起きるかわからない！ まちにいるときに大きな地震が起きるかもしれないよね。いざというときに落ちついて行動できるように、

こころえをでんじゅするよ！

その1
まずは落ちつこう！

災害が起きたとき、
いちばん大事なことはあせらないこと！
あせったり、あわてたりすると、
きけんな行動をとって
しまうかもしれない。
気持ちを落ちつけてから
行動しよう！

地震だ!!
どうしよう〜!!

落ちついて
頭を守ろう

助けに来てもらうのを待っていたら、
火事のけむりが近づいてきたよ〜！

その2
自分の身は
自分で守ろう！

まちにひとりでいるときに、
災害が起こるかもしれないよ。
だれかが助けに来てくれるまで
何もしなかったら、にげおくれて
しまうことも……。
いつでも、自分の身は自分で
守るように心がけよう！

かみなりの音が
聞こえたから、
たてものの
なかに入るよ

こころえ5か条！

その3

そのときによって
自分ではんだんしよう！

どうすれば安全なのかは、
場所や場合によってかわるんだ。
ひなん訓練や、本でしょうかい
されている身の守りかたは、
いつでもぜったいに正しい
というわけではないよ。
じょうきょうによって、いちばん
安全だと思う行動をとろう！

地震だ！
近くにある
もので頭を
守るぞ！

いつもの道を
歩いていたら、
大雨で水がたまって
前に進めない！

今は何も
考えなくても、
なんとか
なるよね〜

たてものがない場所で
かみなりが鳴ったら
このポーズをするよ

その4

ふだんから災害を
イメージしよう！

習いごとや、休日によく行く場所など、
自分がよくいる場所をそうぞうして、
どんな行動をとるか考えてみよう！

その5

前もってそなえよう！

災害はいつ起きるかわからないから、
前もってそなえておくことが大切だよ。
災害が起きてからあせらないように、
日ごろからじゅんびできることがないか、
自分で調べてみよう！

ここの道は地震が
起きたらきけん
そうだな……

今は何も
しなくて
いいよね

どうして大雨がふるの？

いちどにたくさんの雨がふる、局地的大雨（ゲリラ豪雨）と集中豪雨。どちらも積乱雲がげんいんで発生するけれど、この２つは何がちがうのか知ってる？台風（★台風については、２巻の８〜９ページを見よう！）とのちがいもかくにんしてみよう！

局地的大雨

せまいはんいに、とつぜん雨がたくさんふることだよ。雨雲ができてから雨がふるまでの時間が短くて、前もってよそくすることがむずかしいんだ。ゲリラ豪雨ともよばれているよ。

❶ あたたかくしめった空気で発生した雲が、あたためられた地面、アスファルトの熱やエアコンのしつがいき、車のはいきガスなどによって発達し、大きな積乱雲になる。

❷ 大きくなった積乱雲がつめたい空気によってひやされて、雨をふらすよ。

集中豪雨

局地的大雨よりも少し広いはんいで、長時間にわたって雨がたくさんふることだよ。台風や前線（あたたかい空気とつめたい空気がぶつかる場所）が近づくことでよそくできるけど、大きな災害が起きることがあるよ。

❶ あたたかくしめった空気が上へとのぼり、雲が発生するよ。

❷ まわりの空気をすいこみつつ、雲が大きくなり、積乱雲になる。

❸ 大きくなった積乱雲はつめたい空気でひやされて、雨をふらせるよ。

局地的大雨や集中豪雨は どうしてこわいの？

毎年どんどんふえている局地的大雨と集中豪雨。
どんなところがこわいか知ってる？

晴れていても、急に雨がふってくるみたい

よそくができない　局地的大雨

局地的大雨は天気予報でよそくすることがむずかしく、とつぜん強い雨にふられてしまうことがあるんだ。天気のようすをかくにんして、安全な場所へひなんしよう。

バケツをひっくり返したような雨がふるらしいぞ

大量の雨がふる　集中豪雨

集中豪雨は、強い雨が何時間にもわたってふるよ。川がはんらんしたり、土砂災害が起きることもあるんだ。川の近くでなくても、浸水することがあるよ。

かみなりがずっと鳴っていてこわかったな……

かみなりが発生　局地的大雨　集中豪雨

積乱雲が発達すると、かみなりが発生することが多くなるよ。音が聞こえたら、すぐにがんじょうなたてものに入ろう。

局地的大雨と集中豪雨は、日本全国どこでも起こるかのうせいがあるんだね

雨はめずらしいものではないけれど、ゆだんせずにたいさくしたいね

もっと知りたい！ ## 積乱雲が近づくサイン

❶つめたい風がふく

急に寒くなってきた！

❷大きな雲があらわれる

大きな雲がある……

❸空が暗くなる

まだお昼なのに……

❹かみなりが鳴る

ゴロゴロ……

まちで局地的大雨発生！

夕方、とつぜんひんやりとしたつめたい風がふいてきて、そのあとすぐにはげしい雨がふってきたぞ！ 局地的大雨から身を守れているか見てみよう！

さがそう！

上のイラストからつぎのきけんな場面をさがそう。どうしてきけんなのかも考えてみてね。

足元に水がたまってきているね

ふたがとれているよ

水がふき出しているよ

水がふえてきた！

どこかへ
向かって
いるみたい

走って
いるね

止まれない
みたい

全部見つけた？
つぎのページで
かくにんしてみよう！

11

まちで局地的大雨が発生したときのきけんポイント

見つけた!?

外にいるときに局地的大雨が発生したら？ 局地的大雨はいつどこで起きるかわからないからこそ、日ごろから身の守りかたを考えることが大切だよ。

10〜11ページの さがそう！ のこたえ

7つのきけんな場面は見つかったかな？

きけん発見！

きけんポイントがどうしてきけんなのか、くわしく見てみよう。
自分がよく行くまちのようすをそうぞうしながら、かくにんしてね。

⚠ きけん①

まわりよりひくい道

大雨がふると、ひくい場所はとくに水がたまりやすいよ。まわりよりひくくなっている道は、歩いて通るのはもちろん、車で通ると動けなくなってしまうことがあって、とてもきけんなんだ。大雨のときはぜったいに通らないようにしよう！

⚠️ きけん②
側溝のふたがはずれる

大雨で道路の水がふえて、側溝のふたが
はずれてしまうことがあるよ。はずれた
ふたにつまずいてしまったり、側溝のあなに
足が入ってしまったりするときけんだよ!
足元をよく見て歩こうね。

⚠️ きけん③
マンホールから水がふき出す

大雨によって道路の水がふえると、
マンホールにいっきに水が流れこみ、
あふれた水がふき出すことがあるよ。
大雨がふっているときは、ぜったいに
マンホールからはなれてね。

⚠️ きけん④
川の水があふれる

大雨のときは、川の水位が上がってしまう
ことがあるんだ。あふれてきた水に
さらわれてしまわないように、
川からはなれた道を歩こうね。

◆ 身を守るためのヒント ◆
用水路にも注意しよう!

用水路は、大雨がふると水の流れが速く
なって、水位が上がるよ。そうすると
用水路と道路のさかい目がわからず、足を
とられて大きな事故につながってしまう
かもしれない。雨がたくさんふっている
ときは、ぜったいに川や用水路を見に
行ってはいけないよ。

水位がいつもより
上がってる……

⚠️ きけん ⑤

地下に入ろうとしている

大雨がふると、地下にたくさんの水が入り
こんでしまうよ。地下へひなんすると、階だん
から水がたきのように流れてきて、どんどん
足元に水がたまってしまうよ。大雨が
ふったら、地下に入らないようにしようね。

⚠️ きけん ⑥

ぬれた道を走っている

雨でぬれている道を走ると、すべって
ころんでしまうかもしれないよ。水で
足元が見えなくて、落ちているものに
つまずいてしまうこともあるんだ。
足元をよくかくにんしながら進もうね。

⚠️ きけん ⑦

コントロールのきかない車

雨で水がたまった道路を走っている車は、
ブレーキやハンドルがきかなくなってしまう
ことがあるよ。コントロールできなくなった
車が歩道に乗り上げてくるかもしれないから、
車道からはなれて歩こう。

◆ 身を守るためのヒント ◆

かん水した道路を歩くとき

雨でかん水した道路を歩くときは、足元に
よく注意して歩かなくてはいけないよ。
落ちているものにつまずいてころぶのを
防いだり、ふたのはずれたマンホールや
側溝をかくにんすることも大切だよ。
かさなどの長いもので、足元に何もないか
かくにんしながら歩こうね。

かみなりが鳴っていたらどうする?

局地的大雨が発生すると、同時にかみなりが発生することがあるんだ。
かみなりの音が聞こえてきたら、音の大きさに関係なくたてものや車のなかへ入ろう。

❶がんじょうなたてものに入ろう

かみなりが鳴りはじめたら、がんじょうなたてものに入ろう。でも
たてもののなかに入ってもゆだんしないようにね。外から電気が
つたわってくることもあるから、かべからはなれたところにひなんしよう。

かさは
ささない
ように
しよう!

ゴロゴロ
ゴロ……

かみなりだ!
たてものの
なかに入ろう!

❷広い場所は要注意

まわりにたてものがないときは、
木や電柱などの高いものからすぐに
はなれて、下のイラストのポーズをしよう。

耳を
ふさぐ

できるだけ
ひくいしせいで

つま先で立つ

両足の
かかととかかとを
合わせる

 マイアクションを考えよう

まちにいるときに、局地的大雨が発生したら……

とつぜんのはげしい雨。自分の身を守るために、どんなことをしたらいいかな?

どうやって身を守る?

つめたい風が
ふいてきて、
黒い雲が広がったら
要注意! すぐに
たてもののなかに
ひなんするよ

ぼくは習いごとで
テニスをしているよ。
テニスコートにいるときに
かみなりの音が聞こえたら、
たてもののなかに入るよ!

わたしは地下鉄をよく
使うけれど、地下にいたら
雨に気づきにくいな。
どうしよう……

さあ、自分ならどうするか考えよう! よく行く場所をじっさいにかくにんして、
水がたまりやすいきけんな道がないか見てみるのもいいね!

集中豪雨のあと、きけんな場所はどこ？

集中豪雨が起きたあとのようすをかくにんしてみよう！ 土砂災害が起きそうなところは、どこにあるかな？

さがそう！

上のイラストからつぎのきけんな場面をさがそう。どうしてきけんなのかも考えてみてね。

何か音がするね

色がにごっているよ

いつもとようすがちがうみたい

何か落ちてきているね

土砂災害のきけんポイント

土砂災害をよそくするのはとてもむずかしいけれど、前ぶれを知っていると早めにひなんすることができるね。だからこそ、自分できけんを見つけて身を守る行動をとることが大切なんだ。

16～17ページの さがそう！ のこたえ

土砂災害の前ぶれを
8つ見つけることはできたかな？

① ② ③ ④ ⑤ ⑥ ⑦ ⑧

山から音が聞こえる……

早くひなん所へ行こう

前はあがったみたい……

いつもより川の水が少ないぞ

昨日の雨こわかったな……

川の水がにごってる！

地面がわれてる！

きけん発見！

土砂災害の前ぶれをくわしく見てみよう。自分の家のまわりのようすとにているところはないか考えながら、かくにんしてね。

土石流

長い時間、雨がつづいたあとに、土砂が雨水といっしょにいっきにおし流される災害のことだよ。スピードが速いことがとくちょうで、木や家もたおしてしまうほどの力だよ。前ぶれを感じたらすぐにひなんしよう！

こんなときは要注意 ⚠

⚠きけん① 山鳴りがする

⚠きけん② 川の水がにごる

⚠きけん③ 川の水がへる

がけくずれ

大雨で地面に水が
しみこんだり、
地震でひびが入る
ことで、がけが
くずれてしまう災害。
いきおいよく下へ
すべり落ちてしまう
ので、近くにがけが
あるときは、すぐに
ひなんしよう。

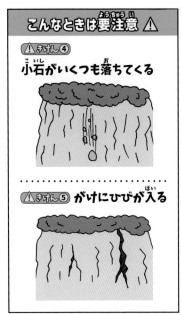

こんなときは要注意 ⚠️

⚠️ きけん④
小石がいくつも落ちてくる

⚠️ きけん⑤ がけにひびが入る

地すべり

山の一部または全体が、かたまりごと
すべり落ちるようにしてくずれてしまう災害。
土のかたまりがいちどにすべり落ちてしまうから、
大きなひがいが出てしまうんだよ。

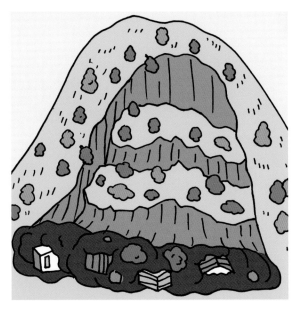

こんなときは要注意 ⚠️

⚠️ きけん⑥
地面にひびが入る

⚠️ きけん⑦
がけから水がふき出す

⚠️ きけん⑧
木がかたむく

◆ 身を守るためのヒント ◆

土のにおいに注意！

なんだか土の
においがする

土砂災害の前ぶれは、目でわかるもの、
音でわかるもののほかに、においでもわかる
ことがあるよ。土のにおいがするときは、
土砂災害のおそれがあるんだ。雨がふったあとも、
自然のへんかには注意して身を守ろうね。

まちで地震発生！

まちのなかを歩いていたら……、あっ！ 地震だ！ 大きなビルや商店街があって、人もたくさんいるし、車も走っているね。どうやったら安全に身を守ることができるかな？

さがそう！ 上のイラストからつぎのきけんな場面をさがそう。どうしてきけんなのかも考えてみてね。

何かがわれているね

大きなものがたおれてきそう

何かがわれているね

ゆれているよ

グラグラ
ゆれて
いる！

われて
いるね

何かの
近くに
いるよ

どこかの
上に
いるね！

全部見つけた？
つぎのページで
かくにんしてみよう！

見つけた!? まちで地震が起きたときの きけんポイント

地震はいつどこで起きるかわからない。ふだんはあまり行かないまちで起きることがあるかもしれないよ。でも、あわてないで！
きけんポイントを見つけて、安全に身を守るための行動を考えてみよう！

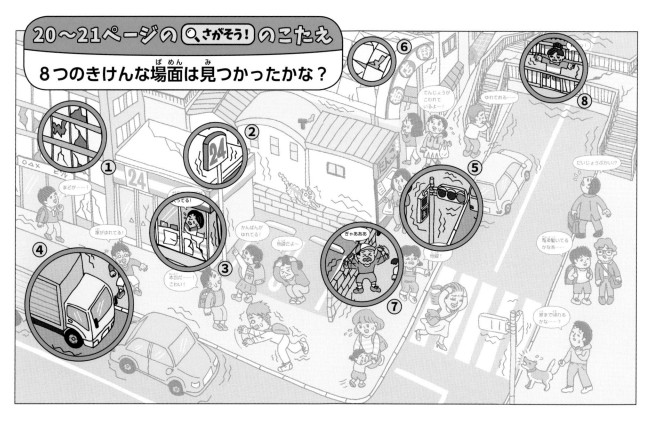

20〜21ページの さがそう！ のこたえ
8つのきけんな場面は見つかったかな？

きけん発見！

きけんポイントがどうしてきけんなのか、くわしく見てみよう。
自分がよく行くまちのようすをそうぞうしながら、かくにんしてね。

⚠️ きけん①

ビルのまどガラス

ビルのまどガラスがわれてしまうと、
ガラスのはへんが上からふってくるかもしれないよ。
まちで地震が起きたら、がんじょうそうなたてものの
なかなど、ものが落ちてこないところに入って、身を守ろう。
オフィスビルがたくさんある場所は、とくに注意してね。

⚠️ きけん②

かんばんがたおれてくる

まちのなかにはかんばんがたくさん！
まわりをよくかくにんして、たおれて
きたり、落ちてきたりしそうなかんばんが
ないかを見てみよう。何も落ちてこない
場所で、頭を守ることが大切だよ。

⚠️ きけん③

お店のガラス

まちでよく見かけるコンビニは、
出入り口のとびらや店内のまどに、
ガラスがたくさん使われているね。
地震のときに店内にいたら、ガラスの
近くからすぐにひなんするようにしよう！

⚠️ きけん④

コントロールのきかない車

地震が起きると、ゆれのせいで車が
運転手の思いどおりに動かなくなって
しまうことがあるんだ。車にぶつから
ないように、車道からすぐにはなれよう。

⚠️ きけん⑤

信号機の近く

まちには信号機がたくさんあるね。大きなゆれが
起きたときは、たおれることがあるかもしれ
ないよ。地震が起きたら、信号機からすぐに
はなれて安全な場所で頭を守ろうね。

こんなものにも気をつけるべし！

ひょうしき
道路のひょうしきもたおれて
くるかもしれないよ

⚠ きけん⑥
アーケード商店街

屋根がついている商店街は、てんじょうから
われたガラスのはへんが落ちてくるかもしれない
から、注意がひつようだよ。商店街にいるときは、
がんじょうそうなたてものやお店に入って
身を守るか、アーケードから出て頭を守ろう。

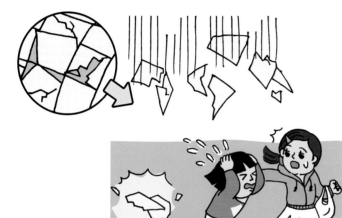

⚠ きけん⑦
ブロックべい

ブロックべいは、地震のゆれで
たおれたり、くずれたり、きけんな
ことがたくさん！ 細い道や、
ちゅう車場にあるブロックべいから
すぐにはなれようね。

⚠ きけん⑧
歩道橋

歩道橋は高いところにあるから、
ゆれが大きくなりやすいよ。
地震が起きたときに歩道橋にいたら、
体がとばされないようにさくにつかまってね。
ゆれがおさまったらすぐに地上へおりよう。

◆ 身を守るためのヒント ◆
こんな場所で
地震が起きたら？

げき場、えいがかん

げき場やえいがかんは、
停電でまっくらになって
しまうかもしれないよ。
まずはひくいしせいでかばん
などを使って頭を守り、
係員の指示にしたがおう。

高いたてもの

上の階ほど大きくゆれ
るよ。室内にあるものが
すべることがあるから、
できるだけものが少ない
場所へいどうしよう。

もっと知りたい！

駅のホームや乗りもののなかにいたら、どうする？

❶ 駅のホームにいるとき

かんばんなどの落下物から頭を守り、線路に落ちない場所で身を守ろう。駅に止まっている電車があったら、なかに入って身を守ろう。

❷ 電車やバスのなかにいるとき

電車は地震のゆれを感じると急に止まることがあるから、人にぶつかってしまったり、ころんでしまうことがあるよ。あいているせきにすわるか、つりかわや手すりにつかまるようにしよう。

マイアクションを考えよう

まちで地震が起きたら……

まちにはきけんな場所がたくさんあるけど、場所によって身の守りかたはかわってくるよ。きみならどうやって身を守る？

その場所で、どんな行動をとる？

乗りもののなかではいつ地震が起きてもだいじょうぶなように、いつもつりかわにつかまるようにするよ

わたしはお休みの日、よく家族とおでかけするの。外にいるときに地震が起きたら、がんじょうなたてものに入るわ

ぼくはよくお母さんと、アーケード商店街に買いものに行くよ。古いお店が多いから、すぐに外へ出たほうがよさそう

いろいろなたてものやものがあるまちで、いちばん安全な身の守りかたは何だろう？

ショッピングモールで地震発生！

休日、家族とおでかけ中に地震発生！ ものがこわれる音や、人のさけぶ声が聞こえてこわいな……。でも、こういうときこそ落ちついて、身を守らなくちゃいけないよね！

さがそう！ 上のイラストからつぎのきけんな場面をさがそう。どうしてきけんなのかも考えてみてね。

大声をあげているよ

人がたくさんいるね

何かに乗って走っているよ

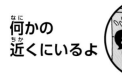
何かの近くにいるよ

われているよ

あっ！ころびそう！

全部見つけた？つぎのページでかくにんしてみよう！

27

見つけた!? ショッピングモールで地震が起きたときのきけんポイント

ショッピングモールで地震が起きたよ。なれない場所で災害が起こると心細いよね……。でも、だいじょうぶ！ きけんがかくれている場所をかくにんしておくと、落ちついて行動することができるよ！

26～27ページの さがそう！ のこたえ
6つのきけんな場面は見つかったかな？

きけん発見！

きけんポイントがどうしてきけんなのか、くわしく見てみよう。自分がおでかけしたときのことをそうぞうしながら、かくにんしてね。

⚠ きけん①
係員の話を聞いていない

ショッピングモールやデパートなどで災害が起きたときは、係員や店内アナウンスでひなんの指示をしてくれるよ。さわいでいると、自分だけでなくまわりの人も指示が聞こえないから、話はしずかに聞こう。

なんて言ってた？

声がうるさくてぼくも聞こえなかった……

出口におしかける

地震のあと、外にひなんするためにみんなが出口に
おしかけると、スムーズにひなんできなくなって
しまうよ。すぐに出口へむかわず、まずは近くに
あるもので頭を守り、係員の指示を待とう。

こんなところにも気をつけよう！

ふきぬけに注意！

大きなショッピングモールには、
ふきぬけになっているところも
あるね。ふきぬけは、上から
照明器具やものが落ちて
きやすいから、はなれた場所で
身を守ろう！

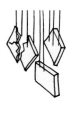

エスカレーターをかけおりている

エスカレーターは地震のときに止まって
しまうことがあるよ。急に止まると、
バランスがとれなくなるね。エスカレーターに
乗っているときは、ころばないよう
手すりにしっかりとつかまろう。

とつぜん
止まったぞ！

知っておこう　エレベーターで地震が起きたときは？

エレベーターに乗っているときに地震
が起きたら、まずはすべての階のボタン
をおして、ドアが開いた階ですぐにおり
よう。もし、停電で暗くなったり、とじ
こめられたりしても、落ちついて非常
ボタンで外にれんらくしよう。ひなん
するときは、エレベーターが動いてい
ても、ぜったいに使ってはいけないよ。

⚠ きけん④
商品のたなの近く

お店にあるたなには、商品がたくさん
おいてあるね。ゆれによってたなごと
たおれてくるかもしれないから、
近くにいると、とてもきけんなんだ！
すぐにたなのない通路へ行って、
手やかばんなどで頭を守ろう。

⚠ きけん⑤
ショーウィンドウのガラス

ショーウィンドウのガラスは、われてとびちって
しまうかもしれないよ。ショーウィンドウは
高さがあるものが多いから、地震のときは
すぐにはなれて身を守ろうね。

⚠ きけん⑥
人をおしている

地震が起きると、急いでひなんしたくなるよね。
でも、あわててひなんしようとすると、自分が
ころぶだけでなく、人にけがをさせてしまうかも
しれないよ。とくに、人が多いショッピングモールや
デパートは、まわりに注意してひなんしようね。

・身を守るためのヒント・
こんなもので身を守ろう！

デパートやスーパーにいるときは、
買いものかごでも頭を守ることが
できるよ！また、お店にある
ぬいぐるみや洋服、本などの商品で、
頭を守れるものがあれば使おう。

買いものかご

本

ショッピングモールで地震が起きたら……

ショッピングモールは、人やものが多いからきけんがたくさんあるね。
どうしたら安全に自分の身を守ることができるかな？

どこへひなんする？

出口はきっと人がたくさんいるよね。非常口の場所をかくにんしなくちゃ

わたしはまず、お店の外に出たほうがいいと思うわ

うーん……。とりあえず広いところかな。エレベーターホールとかはどうかな？

外にある広いちゅう車場なら、落ちてくるものがないから安心ね

どうやって身を守る？

持っているかばんを使おうかなあ……。まずは頭を守るよ

人が多い場所はパニックになりやすいんだって。とにかく落ちつくことが大切なんだね

スーパーマーケットはびんがならんでいるたながあぶなそう。とりあえずたなからはなれよう！

さあ、きみはショッピングモールでどんな身の守りかたをする？
自分がよく行くところをそうぞうして考えてみて！

地震後、ショッピングモールのなかから外へひなんしよう！

地震後、ショッピングモールのなかはきけんがいっぱい！ きけんを見つけて、安全にひなんしよう！

安全だと思うほうへ進んで、ゴールをめざそう！

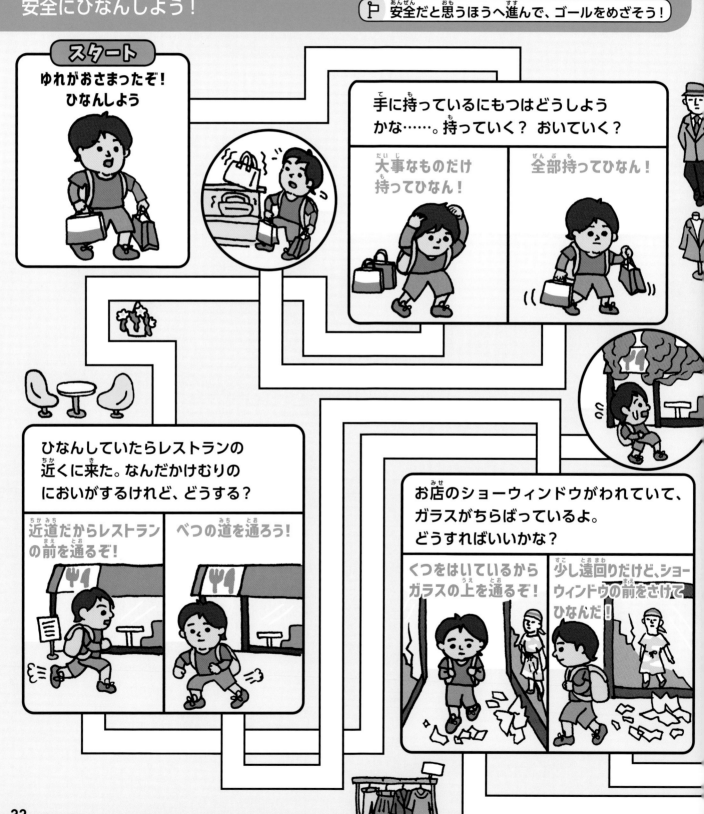

スタート
ゆれがおさまったぞ！
ひなんしよう

手に持っているにもつはどうしようかな……。持っていく？ おいていく？

大事なものだけ持ってひなん！

全部持ってひなん！

ひなんしていたらレストランの近くに来た。なんだかけむりのにおいがするけれど、どうする？

近道だからレストランの前を通るぞ！

べつの道を通ろう！

お店のショーウィンドウがわれていて、ガラスがちらばっているよ。どうすればいいかな？

くつをはいているからガラスの上を通るぞ！

少し遠回りだけど、ショーウィンドウの前をさけてひなんだ！

2階から下におりたい。
近くにエスカレーターがあるけど、
乗っていいかな?

エスカレーターで
おりるぞ!

階だんで
おりるぞ!

1階にとうちゃくしたぞ!
いちばん近くの非常口には
人がたくさんいるけど、どうする?

あっちの人が少ない
出口へ行こう!

この非常口から
出るぞ!

大きい出口が見えた! ここからならひなん
できそうだけど、どうやって外へ出る?

上から落ちてくるものが
ないか、かくにんしてから
外へ出よう!

早くにげなきゃ!
すぐに外へ出よう!

ゴール

ひなんできてよかった!

ショッピングモールからひなんするときのきけんポイント

ショッピングモールは、人でにぎわう場所だから、ひなんするときもきけんなことがたくさんあるんだよ。でも、こういう場所にいるときこそ、落ちついて行動することが大切なんだ。

32〜33ページのめいろのこたえ

ゴールまでたどりつけたかな？
①〜⑥はきけんポイントだよ！

きけん発見！

きけんポイントがどうしてきけんなのか、くわしく見てみよう。自分だったらどうするか、そうぞうしてみてね。

⚠ きけん①

手がふさがっている

ひなんしているときに、にもつで両手がふさがっていたら、すぐに身を守ることができないよ。ひなんするときは大事なものだけを持って、大きなにもつはおいていこう。

⚠️ きけん②
火事の心配がある場所

レストランなどの火を使う場所は、地震のあとの火事に注意がひつようだよ。どんなに近道でも、火事が起こりそうな場所はさけてひなんしよう。

⚠️ きけん③
ガラスの上を歩いている

くつをはいているときでも、ガラスの上を歩くのはとてもきけん！ すべってころんでしまったり、足をけがするかもしれないよ。ガラスが落ちている道はさけてひなんしよう。

⚠️ きけん④
エスカレーターに乗ってひなんしている

地震のあと、エスカレーターが動いていたとしても、乗っていどうするのはとてもきけんだよ！乗っているときにエスカレーターが止まって、ふり落とされてけがをするかもしれないんだ。ひなんするときは、エスカレーターやエレベーターは使わずにいどうしよう。

もっと知りたい！
まわりのじょうきょうをかくにんしよう！

たてもののなかをひなんするときは、まわりのじょうきょうをよくかくにんしよう！けがをしている人がいたらまわりに知らせたり、たてものがくずれているところに注意したり、声をかけながらひなんしようね。余震で、照明器具やてんじょうが落ちてくることもあるから、上に注意しながら頭を守ることもわすれずにね。

⚠ きけん ⑤

人がたくさんいる非常口

ショッピングモールなどの、人が多く集まっている場所では、パニックやこんらんが起きやすいよ。人ごみのなかをむりに通るのはとてもきけんなんだ。なるべく人が少ない場所を通ってひなんすることが大事だよ！

⚠ きけん ⑥

たてものからとび出している

余震などがげんいんで、上からかんばんやガラスが落ちてくるかもしれないから、たてものから急にとび出すのはとてもきけん！外へ出るときは、上から落ちてくるものはないか、よくかくにんしてから出ようね。

もっと知りたい！ 地下街にいるときに地震が起きたら？

きけん！ 停電が起きるかも！

地下街にいるときに停電が起きたら、まっくらになってしまうね。だけどあわてないで！ 非常灯がつくまで落ちついて、なるべくかべに手をついて待とう。

かべにつかまろう……

きけん！ 火事には要注意！

地下は地上よりも地震に強いといわれているけれど、火事が起きてしまうとけむりがすぐに広がって、とてもきけんなじょうたいになるよ。地下では非常口がどこにあるかをかくにんしておこう！

きけん！ 浸水に注意！

海や川が近くにある地下街では、地震後の津波に注意しよう！ 地下に水が入りこんで浸水してしまうから、すぐに地上へひなんしようね。

外へひなん
するときは……

たてもののなかにはきけんがいっぱい！　まわりのじょうきょうを
よくかくにんして、どうやってひなんするか考えてみよう！

どうやってひなんする？

エスカレーターは
べんりだけど、急に
止まったらあぶないから、
階だんでひなんするんだ！

ひびが入っていたり、
くずれかけているかべを
さけてひなんするよ

わたしがよく行く
ショッピングモール、
どこに非常口が
あるんだろう……。
調べなくちゃ！

ふきぬけにある
大きなかざりが
きけんかも……！
近づかないように
ひなんしよう

何に注意する？

人が多いところで、
家族とはぐれない
ようにしないと。
はぐれたときの
待ちあわせ場所を
決めておかなくちゃ

地下街では非常口が
どこにあるかをかくにん
することが大切だよね

自分の身を守るのは
もちろんだけど、
助けがひつような人に
手をかさなくちゃ

地震のあと、ショッピングモールでどうやって身を守る？
いろいろなじょうきょうをそうぞうして、方法を考えてみよう！

地震発生後のまちを歩いて ひなん所をめざそう！

おでかけ中に地震が起きた！ ゆれはおさまったけれど、家まで帰るには遠いなあ。よし、まわりに気をつけながら、近くのひなん所へ行こう！

安全だと思う道を進んで、ゴールをめざそう

見つけた!?
地震発生後のまちの きけんポイント

地震発生直後の
まちはきけんが
いっぱい！
安全な道を通って、
ひなん所へ行く
ことはできたかな？

○はきけんがあるから、
通れない場所だよ！

38〜39ページの
めいろのこたえ

ゴールまでたどりつけたかな？
①〜⑥はきけんポイントだよ！

ガソリンスタンドは、
火事に強いつくりを
しているし、たても
もがんじょうで、
安全なんだよ

きけん発見！

きけんポイントがどうしてきけんなのか、くわしく見てみよう。
自分だったらどうするか、そうぞうしてみてね。

⚠️ きけん①
ひびの入ったかべや ブロックべい

かべにひびが入っていると、くずれてくる
かのうせいがあるよ。ブロックべいや、
くずれそうなかべがある道はさけて歩こう。

⚠️ きけん②
落下物のきけんがある道

地震のゆれでかんばんがはずれて、
落ちそうになっている場所は要注意！
余震が起きたときなど、いつ落ちてくるか
わからないよ。近づかないように
ひなんしよう。

⚠ きけん③

地われ

地震が起きたあとは、道に地われができて
いるかもしれないよ。地われに近づいて
ころんだり、足をはさんだりするとあぶないよ。
ぜったいに近づかないようにしよう。

わあ！

かんぼつした
道路にも
気をつけよう！

⚠ きけん④

こんざつしている駅

地震が起きたあとは、電車やバスが動かず、
駅のなかやまわりにたくさんの人が集まって
しまうよ。パニックが起きるとあぶないから、
駅のまわりに行くのはさけよう。

⚠ きけん⑤

火事が起きている場所

地震のあとの二次災害で、火事が起きる
ことがあるよ。とくに家がたくさんたって
いる場所は、火がもえ広がる
こともあるから要注意！
火事が起きている場所には
ぜったいに近づかないでね！

⚠ きけん⑥

くずれたたてもの

地震によって家がくずれたり、たてものの
かべやガラスが落ちていることがあるよ。
ガラスでけがをしたり、余震でたてものや
がれきがさらにくずれてくることも
あるから、近づかないようにしよう。

もっと知りたい！

災害時のおうきゅうしょち

災害が起きたとき、けがをしてしまったり、まわりにけがをしている人がいたらどうする？　まずは救急車をよんで、その間におうきゅうしょちをしよう。けがを手当てする方法を知っていると、あわてずに行動することができるよ！

- -

けがのしゅるいと手当てのしかた

出血

われたガラスがとんできてささっちゃった……。血も出ていて、いたいよ

手当て

①出血しているときは、きれいなぬのをきず口にそのまま当てておさえよう。きず口にきんが入らないように、てぶくろをしてね。

②きず口をおさえる方法で血が止まらないときは、きず口を心ぞうより高い位置に上げて、手のひらでおさえよう。

こっせつ

こっせつしたところが赤くはれていて、形がかわってる……。どうすればいいのかな？

手当て

①こっせつした場所を、板や段ボール、おりたたみかさなどのかたいもので固定しよう。

②ほうたいや三角きんなどを使って、さらに動かないように固定しよう。

レジぶくろでも固定することができるよ

やけど

やかんのお湯がこぼれて、足にかかっちゃった……！ヒリヒリするよ〜！

手当て

①やけどをしてしまったら、できるだけ早くひやそう。きれいな水で15分以上ひやしてね。

②ひやしたあとは、しょうどくをしてきれいなぬのやガーゼなどでおおっておこう。

ねんざ・だぼく

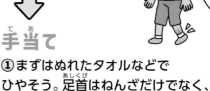
足をくじいちゃって、歩くとズキズキしていたいよ〜

手当て

①まずはぬれたタオルなどでひやそう。足首はねんざだけでなく、こっせつしている場合もあるよ。

②かんせつが動かないように、ほうたいなどで固定して、心ぞうよりも高い位置に上げよう。

人がたおれていたらどうする？

自分の目の前で人がたおれているとき、どうすればいいかな？　できるだけ早く、大人に知らせよう！　まわりに大人がいないときや、すぐに来ることができないときのために、どんなことをすればいいか、知っておこう！

① じょうたいをかくにんしよう！

いしきのかくにん

体を少しだけやさしくたたいて声をかけよう。「だいじょうぶですか？」と声をかけて、いしきがあるかどうかをかくにんしよう！

救急車をよぶ

たおれている人の反のうがなかったら、119番にれんらくして救急車をよぼう。大人やまわりの人に伝えて、なるべく多くの人にきょう力してもらうようにしよう。

こきゅうのかくにん

おなかと胸の動きを見てみよう。いつもどおりのこきゅうをしているかどうかをかくにんしよう。

だいじょうぶ
ですか?!

救急車をよんで
ください！

② しんぱいそせい法

もしたおれている人のいしきがなくて、いつもどおりのこきゅうじゃない、もしくはよくわからないときは、きょうこつあっぱく（心ぞうマッサージ）やAEDを使うと、助けることができるかもしれないよ。

きょうこつあっぱく

1分間に100～120回のペースで、胸のまんなかの骨の下半分をおして、心ぞうをあっぱくしよう。

AEDを使う

AEDがとうちゃくしたら、音声ガイドの説明を聞きながら、そうさしよう。終わったらまたきょうこつあっぱくを始めてね。

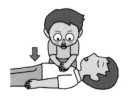

人工こきゅう

人工こきゅうという、ちょくせつ空気を送りこむ方法もあるよ。これは、こうしゅうなどで勉強してからおこなうようにしてね。

もっと
知りたい！

AEDってなに？

AEDとは、心ぞうのはたらきがいつもどおりにできなくなった場合に、元のじょうたいにもどすために電気ショックを流すきかいだよ。どんな人でも使うことができて、音声ガイドで使いかたも教えてもらえるから、いざというときは、せっきょくてきに行動できるようにしよう。駅や学校、公共しせつに用意してあるから、さがしてみるといいね。

43

もっと知りたい！ まちのなかの 災害たいさく

ふだんすごしているまちのなかでは、
災害のためにどんなたいさくをしているのかな？

- -

防災公園ってなに？

ひなん場所としてだけでなく、
救急活動をしたり、ヘリコプターの
着りく地点としても使われたり
している公園だよ。ほかにも、
災害のときに役立つトイレや、
かまどベンチなど、さまざまな
しせつを持っているんだよ。

防災トイレ

断水で水が出ないと、トイレが使えなくなって
しまうね。そんなとき、ちょくせつ用を足せる
マンホールや、その上にべんざを乗せてテントで
おおって使う、防災トイレというものがあるよ。
断水のときも、安心して
すごすことができるね。

テントでかくれて
いるから安心だね

防災井戸

災害のときに、ちいきの人が
利用できる井戸のことだよ。
地震に強い水道管を使って
いて、水は飲み水として
使うこともできるんだよ。

防災倉庫

災害のときにひつようなものが入っている、
倉庫のことだよ。ちいきのなかで、災害の大きくなり
にくい場所に作られていたり、ひがいを受けない
強いつくりだったり、くふうがされているんだ。

かまどベンチ

災害でガスや電気が止まったとき、
公園内のベンチをかまどにして
りょうりすることができるよ。

ここに倉庫が
あるね！

44

防災いしきを高めよう！

① ちいきの防災訓練にさんかしよう！

災害はいつ起こるかわからないから、ちいきでじっしされる防災訓練には、せっきょくてきにさんかしてみよう！ひなん訓練や消火訓練だけでなく、地震のゆれを体験できる起震車に乗ってみるのもいいよ。人を救助する方法を学ぶことも大切だよ。

ひなん訓練

起震車体験

消火訓練

② しせつへ防災を学びに行ってみよう！

災害が多い日本では、全国に防災を学べるしせつがあるよ。地震や台風がどのような災害なのかを体験できたり、最新のぎじゅつを使って、じっさいにどのような行動をとればいいかを学ぶことができるんだ。災害が起きてもすぐに対応できるように、よりリアルな体験をしてみよう！

地震体験

③ 防災マップを作って発表してみよう！

自分が住んでいるまちや、よく行く場所の防災マップを作ってみよう！じっさいに歩いてみて、きけんな場所や災害のときに役立ちそうなものの写真をとって、地図にはりつけてみよう！いろんな人と、防災の方法をわかちあって学びを深めよう。地図を作り終わったら発表して、話しあってみてね！

防災マップ

おわりに

この本では、まちにいるときに地震や集中豪雨、局地的大雨が起きたら、きけんなことがありそうなポイントをしょうかいしたよ。だけど、しょうかいしたことをすべておぼえておけばぜったいに身を守れるというわけではないんだ。大切なのは、「もしここで○○が起きたら」「もしも、○○だったら」と、ふだんから自分の身のまわりを見わたしてそうぞうしてみること。そして、「ここがきけんかも」「○○のときは、こうしよう」「こんなところに気をつけよう」ときけんポイントをさがしたり、どう行動するかというマイアクションを考えたりすることだよ。この本をヒントにしながら、これからも身を守るための力をどんどんつけていってね！

まちにひとりでいるときに地震が起きたらどうすればいいかな？

習いごとの帰りに大雨がふってきたらどうしよう……？

ビルがたくさんあるまちにいるときは、どこに気をつければいいかな？

雨がたくさんふったあとは、家のまわりのどんなところに注意したらいいのかな？

スーパーで、頭を守れそうなものは何かあるかな？

ショッピングモールからひなんするとき、にもつはおいていく？

地震のあとまちには、どんなきけんがあるのかな？

まだまだ考えておきたいことはたくさんありそうだね！

身のまわりのきけんポイントをもっとさがしておこうっと！

雨のあと、山から土っぽいにおいがするよ。これって、土砂災害の前ぶれ……？

46

さくいん

監修　国崎信江（くにざきのぶえ）

危機管理教育研究所 代表
危機管理アドバイザー

横浜市生まれ。女性、生活者の視点で防災・防犯・事故防止対策を提唱し、国や自治体の多くの防災関連の委員をつとめるかたわら、講演やテレビ、ラジオ、新聞等で情報提供をしている。一般的な防災対策から、家庭の防災、地域防災、施設防災、企業防災などや、地震から家族を守る方法、災害から財産を守る方法、防災用品を準備するポイント、発災時の避難所の運営など、被災地支援の経験をもとに幅広い内容での講演をおこなっている。

監修協力	公益財団法人 日本 AED 財団 (43 ページ)
イラスト	OKAME (6〜7ページ、9〜41 ページ) TICTOC (8〜9ページ、42〜45 ページ)
装丁・本文デザイン	株式会社参画社
校正	くすのき舎
編集	株式会社 童夢

もしものときに
きみならどうする？
防 災　❸まち

2020年3月15日　第1版第1刷発行

発行所	WAVE出版
	〒102-0074
	東京都千代田区九段南 3-9-12
	TEL　　03-3261-3713
	FAX　　03-3261-3823
	振替　　00100-7-366376
	E-mail　info@wave-publishers.co.jp
	http://www.wave-publishers.co.jp
印刷	株式会社サンニチ印刷
製本	大村製本株式会社